DIE TUTTLE-ZWILLINGE
───── und das ─────
12-REGELN-BOOTCAMP

Für Jordan Peterson

Für die Vermittlung von Klarheit
im Denken und bewusstem
Handeln.

CONNOR BOYACK

Covergestaltung: **Elijah Stanfield**

„Ihr zwei verblüfft mich immer wieder aufs Neue!", schwärmte Großmutter Tuttle, als sie den Zwillingen eine zweite Portion ihres berühmten Pfirsichkuchens reichte.

Die Tuttle-Zwillinge Ethan und Emily waren zu Besuch im rosafarbenen Häuschen ihrer Großeltern. Gerade hatten sie von einem ihrer jüngsten lehrreichen Abenteuer erzählt.

„Vielleicht verblüfft euch auch mein neuestes Projekt", sagte Onkel Ben mit halbvollem Mund. „Ich recherchiere gerade eine große Geschichte über Korruption in der Regierung, die hohe Wellen schlagen könnte."

„Ich bin stolz auf dich, Junge", sagte Großvater Tuttle. „Die Tuttles leisten Großes. Ich bin auf jeden einzelnen von euch stolz."

Unvermittelt brach es aus Brock, dem jüngsten Onkel der Zwillinge, heraus: „Stolz auf alle Tuttles, außer auf mich …"

„Was ist denn los, Brock?", fragte Großmutter.

„Na ja... alle reden immer davon, dass die Tuttles Großes leisten und für das Richtige eintreten", sagte er. „Das höre ich schon mein ganzes Leben."

Brock nahm einen Bissen Kuchen, bevor er fortfuhr: „Alle meine Geschwister sind erfolgreich. Aber was kann ich denn nur machen? Selbst Ethan und Emily haben ihr Leben offenbar gut im Griff, dabei sind sie viel jünger als ich! Woran hängt's also bei mir?"

Den Zwillingen war es etwas unangenehm, mitten in das Drama hineingezogen zu werden. Und es verunsicherte sie, da sie zu Brock aufschauten. Schon oft hatte er ihnen nützliche Techniken für das Leben in der freien Natur und interessante Fakten über die Tierwelt vermittelt.

„In der Schule sagten meine Lehrer mir immer, was ich tun soll. Aber seit meinem Abschluss kommt es mir so vor, als hätte ich keine Orientierung in meinem Leben", gab Brock zu.

„Ich habe eine Idee!", sagte Großvater und tippte sich an die Schläfe. Kurz darauf kam er mit einem kleinen Notizbuch zurück, ähnlich dem, in das Großmutter ihre Rezepte notierte.

Er reichte Brock das Notizbuch und einen Stift. „Du willst ein gutes Leben führen, oder?", fragte er. „Also … Du brauchst dafür, wie für diesen köstlichen Kuchen, ein Rezept. Und soeben hast du schon drei Zutaten entdeckt!"

„Das habe ich?", fragte Brock erstaunt. „Aber ich habe doch nur vor allen anderen gejammert."

„Du hast deine wahren Gefühle mit uns geteilt", korrigierte ihn Oma Tuttle. „Du warst ehrlich zu dir selbst und zu uns."

„Und darauf bauen Beziehungen auf", bestätigte Opa Tuttle und nahm ihre Hand. „Auf Vertrauen – ob in der Familie, unter Freunden, in der Gemeinde oder im Geschäftsleben."

„Ohne Vertrauen als Grundlage herrscht Chaos. Wir wären alle verwirrt und frustriert und wüssten nicht, wie wir es besser machen könnten", sagte Opa Tuttle. „Da hast du die erste Zutat – deine erste Regel fürs Leben."

Brock schrieb *Sag die Wahrheit* in sein neues Rezeptbuch. „Ich wollte nicht, dass ihr euch Sorgen um mich macht oder denkt, ich sei dumm", sagte er. „Ich hätte euch mehr vertrauen und euch sagen sollen, was ich fühle."

② **Kommuniziere klar**

„Damit kommen wir zur zweiten Regel", fuhr Großvater fort. „Weil Brock so ehrlich und klar von seinen Problemen erzählt hat, können wir unsere Erfahrungen und unser Wissen mit ihm teilen, um ihm dabei zu helfen, seine Herausforderungen zu meistern. Die zweite Regel ist also, klar zu kommunizieren."

Brock notierte sich: *Kommuniziere klar*. „Ziemlich einfach", sagte er mit einem Blick auf seine kurze Liste. „Und die dritte Regel?"

Großvater lehnte sich in seinem Stuhl zurück und sah erst die Zwillinge und dann Brock an. Er atmete langsam ein und aus, grinste und meinte: „Hier kommt meine tolle Idee ins Spiel."

„Man kann nicht erwarten, dass jemand alles weiß. Es ist also keine Schande, von anderen wertvolle Lektionen zu lernen", fuhr Großvater fort. „Das ist eine ganz eigene Lektion – und eine, die du noch lernen musst, mein Junge."

Brock schrieb *Lerne von anderen* in sein Rezeptbuch.

„Deshalb sollen dir die Zwillinge die übrigen Regeln beibringen."

„Bitte?", entfuhr es Brock, Ethan und Emily einstimmig.

„Damit wir offen sind zu lernen, müssen wir bescheiden sein und erkennen, dass uns jeder etwas beibringen könnte", erklärte Großmutter. „Ich finde, das hört sich nach einer Menge Spaß an! Wie seht ihr das?"

„Ich find's irgendwie schräg ... aber klar, warum nicht?", meinte Brock schulterzuckend.

Anfangs waren die Zwillinge zwar etwas eingeschüchtert, freuten sich dann aber darauf, zu helfen und überlegten sich den restlichen Tag weitere Regeln, die Brock unterstützen könnten.

③ Lerne von anderen

„Ach…TUNG!"
Ethans Gebrüll und Emilys Versuch, ein Horn zu blasen, rissen Brock unsanft aus dem Schlaf. Im fahlen Licht der aufgehenden Sonne sah er, dass die Zwillinge wie Drill-Sergeants gekleidet waren.

Brock warf einen Blick auf den Wecker: 5:30 Uhr am Morgen. „Was ist denn los?", fragte er benommen.

„Willkommen im 12-Regeln-Bootcamp!", tönte Ethan. „Oma sagt, in ihrem Kuchen seien zwölf Zutaten. Also haben wir zwölf Regeln, die dein Leben in die richtige Spur bringen sollen."

„Augenblick, jetzt sind es schon zwölf?", jammerte Brock. „Das dauert ja ewig!"

„Ruhe, du Made!", brüllte Emily so barsch zurück, dass Brock vor Überraschung zusammenzuckte. „Nein, Spaß! Das wollte ich immer schon mal sagen."

„Die nächsten drei Tage bist du uns unterstellt!" Ethan warf seinem Onkel ein Blechstück an einer Schnur zu. Es war eine selbstgemachte Hundemarke, die seinen Namen trug: Brock Tuttle.

Die beiden Drill-Sergeants befahlen ihm, sich fertig zu machen. Brock bat jedoch um Erlaubnis, zuerst seinen Hund Barker und die Hühner im Garten füttern zu dürfen.

Als Brock zurückkam, schüttelte Ethan missbilligend den Kopf. „Wenn du dich nur so um dich kümmern würdest wie um deine Tiere. Damit fangen wir heute an, Rekrut!"

Brock wurde in die Küche geführt, wo man ihm befahl, sich ein gesundes Frühstück mit Obst und Eiweiß zu machen. „Dieser zuckerhaltige Mist ist hiermit verboten!", verkündete Ethan und warf Brocks Lieblingsmüsli in den Mülleimer. „Das Zeug würdest du doch auch nicht an deine Haustiere verfüttern, oder?"

„Und jetzt, Zähneputzen!", rief Emily und stoppte seine Zeit mit ihrer Stoppuhr. „Kleine Kreise! Auch das Zahnfleisch!"

„Ab jetzt musst du dich besser um dich kümmern!", ergänzte Ethan und reichte Brock sein Rezeptbuch. „Das ist deine nächste Regel." Brock erkannte, wie schlecht er sich ernährte und wie wenig er sich bewegte. (Kein Wunder, dass er sich lausig fühlte ...). *Kümmere dich auch um dich selbst* schrieb er mit auf die Liste der Regeln.

④ Kümmere dich auch um dich selbst

Obwohl es noch ziemlich früh war, konnte sich Brock nicht daran erinnern, wann er sich zuletzt so energiegeladen und motiviert für den anstehenden Tag gefühlt hatte.

„Abmarsch!", rief Ethan. Das Trio ging im Gleichschritt die Verandastufen hinunter zu dem Weg, der am Fluss entlang führte und auf dem die Zwillinge einen Hindernislauf vorbereitet hatten.

Stundenlang balancierten sie auf umgestürzten Baumstämmen, kletterten auf Felsen und schwangen an dem großen Seil über den Fluss. Ethan und Emily gaben sich alle Mühe, die Aufgaben so gut wie ihr Onkel zu erfüllen, aber er war größer und stärker. Brock besiegte sie sogar in einer Schlammschlacht, obwohl sie zwei gegen eins spielten. Es war ein sehr lustiger Vormittag. Aber Brock war sich nicht sicher, welche Regel ihm die Zwillinge mit alledem beibringen wollten.

„Wie soll mir irgendetwas hiervon dabei helfen, ein besseres Leben zu führen?", fragte Brock, während er sich den Schlamm von den Armen wusch.

Er kletterte auf einen Felsen zu Ethan und Emily.

„Bei den Hindernissen hast du heute besser abgeschnitten als wir", stellte Emily fest. „Haben wir uns darüber beschwert?"

„Tja, also … Nein, eher nicht", erwiderte Brock.

„Aber gestern Abend hast du dich mit Freunden, deinen Geschwistern und sogar mit uns verglichen", sagte Ethan. „Tatsächlich wird es immer Leute geben, die in gewissen Dingen besser sind als du. Du solltest dich stattdessen nur damit vergleichen, wie du in der Vergangenheit abgeschnitten hast."

Brock schwamm zurück zum Ufer, schnappte sich sein Rezeptbuch und notierte sich die neue Regel *Vergleiche dich nicht mit anderen*. „Heute geht es mir besser als gestern", meinte er. „Ich schätze, die Regeln funktionieren!"

Emily streckte einen Daumen nach oben. „Sei jeden Tag ein bisschen besser als am Tag zuvor. Achte auf gute tägliche Gewohnheiten, denn sie helfen dir dabei, ein tolles Leben aufzubauen!"

⑤ Vergleiche dich nicht mit anderen

Brock legte sich in den Sand und atmete tief die frische Luft ein. Die Sonne wärmte sein Gesicht, und das Plätschern des Flusses beruhigte ihn. Da er sich nun darauf konzentrierte, sein Leben zu ändern, wusste er allmählich auch zu würdigen, wie gut er es bereits hatte .

„Es ist leicht, sich über das zu beklagen, was schwierig ist", bemerkte Brock leise. „Dabei kann ich einiges tun, um das zu ändern ... Tatsächlich gibt es aber eh schon jede Menge Gutes."

Emily musste lächeln, weil Brock eine bessere Einstellung hatte als noch am Tag zuvor, dabei hatten sie noch nicht mal die Hälfte der Liste durch!

„Zwölf Hampelmänner, Rekrut!", rief Ethan. Brock sprang auf und legte los. „Zur Strafe, weil du einen Blick auf die nächste Regel der Liste riskiert hast!"

„Aber, ... das hab ich doch gar nicht!", protestierte Brock.

„Ach?", erwiderte Ethan. „Was für ein Zufall – denn die nächste Regel lautet, sich die Zeit zu nehmen, für das Gute im Leben dankbar zu sein!"

Brock drohte seinem Neffen spielerisch mit der Faust. Dann schrieb er *Halte inne und sei dankbar* in das Rezeptbuch. Derweil dachte er an ein paar Dinge, für die er dankbar war: seine Gesundheit, ihr Haus am Fluss, seine Tiere und seine Familie.

⑥ Halte inne und sei dankbar

Früh am nächsten Morgen schlichen die Zwillinge in Brocks Zimmer. Es sah aus, als hätte eine Bombe eingeschlagen. Überall lag etwas herum.

„Raus aus den Federn, Dornröschen!", brüllte Ethan, während Emily das Horn anstimmte.

„Gestern hast du gelernt, auf dich aufzupassen", sagte Ethan, während Brock sich die Augen rieb. „Heute stellst du dich der Welt!"

„Aber bevor du das machst", hakte Emily ein und hielt eine schmutzige Socke hoch, „musst du dein Zimmer aufräumen! Und als erstes …"

„Warte! Ich weiß", unterbrach Brock sie. „Als erstes muss ich mich um mich selbst kümmern."

Er fütterte die Haustiere, frühstückte anschließend gesund und putzte sich die Zähne. Die Zwillinge klatschten sich ab und freuten sich, dass ihr Bootcamp funktionierte.

Als Brock zurückkam, hatten Ethan und Emily für ihn eine Putz-Checkliste auf eine Tafel geschrieben.

„Ich nehme an, das ist auch eine Art Bootcamp-Lektion, richtig?", fragte er die Zwillinge.

„Natürlich, du Schmutzfink", brüllte Ethan etwas lauter als geplant. „Wenn du Ordnung in deine Welt bringen willst, musst du in deinem eigenen Zimmer Ordnung halten können. Schau dich hier mal um!"

Brock war geknickt. Die Zwillinge hatten recht. Sein Zimmer war genauso chaotisch und unordentlich wie sein Leben – unstrukturiert und praktisch nicht zu nutzen ... und es stank!

„Ich will, dass dieses Zimmer so sauber ist", befahl Emily und hieb mit einem Stock gegen die Checkliste, „dass ich vom Boden essen kann – hast du verstanden?"

„Ja, Drill-Sergeants!", gab Brock zurück und salutierte brav.

Als sie Stunden später nach ihm sahen, war Brocks Zimmer erstaunlich sauber!

„Auftrag erfüllt", erklärte Ethan und gab seiner Schwester einen Faustcheck. „Zeit für die nächste Bootcamp-Phase: Brunch!"

Onkel Ben fuhr Brock und die Zwillinge zu Thusnelda's, dem örtlichen und besonders bei Familien beliebten Diner.

„Ich glaube, diese Regel verstehe ich", meinte Brock im Auto. „Es geht nicht nur um Schlafzimmer, ja? Sondern darum, mir selbst zu beweisen, dass ich etwas bewirken kann, indem ich zuerst mit dem anfange, was ich kontrollieren kann."

Brock zeigte den Zwillingen sein Rezeptbuch mit der Regel, die er notiert hatte: *Übernimm Verantwortung für dein Leben, bevor du es mit der Welt aufnimmst.*

⑦ Übernimm Verantwortung für dein Leben bevor du es mit der Welt aufnimmst

„Dieses Bootcamp ist bis jetzt ganz gut für mich", erzählte Brock seinem älteren Bruder Ben. „Ich habe einige wichtige Lektionen von diesen kleinen Zuchtmeistern gelernt." Er drehte sich zu ihnen um. „Was meint ihr, Leute? Bin ich bereit, es mit der Welt aufzunehmen, jetzt, wo mein Zimmer sauber ist?" Er strahlte über das ganze Gesicht.

Der Wagen hielt vor dem Diner. Thusnelda – oder Tess, wie alle sie nannten – stand mit einem Wischmopp und einem Eimer am Eingang. „Ach schau, die Tuttles", grüßte sie alle. „Und Brock, bist du startklar?"

„Halt, wie jetzt?", wollte dieser wissen und sah erst Tess an, dann die Zwillinge. Das Lächeln war ihm vergangen. „Ich dachte, wir sind zum Essen hier?"

„Wir schon, ja. Aber du bist hier, um zu arbeiten", stellte Emily klar.

„Das ist ein Bootcamp, Wuschelkopf!", erinnerte ihn Ethan. „Tu, was deine neue Chefin dir sagt!"

Ben und die Zwillinge bestellten Pfannkuchen, eine Frühstückspfanne und Smoothies, während Brock die Toilette wischte und die Klos und Waschbecken putzte. „Das ist nicht fair", klagte er. „Das gefällt mir gar nicht – es ist total eklig. Am liebsten würde ich nach Hause gehen und zocken."

Tess lachte. „Schätzchen, nicht die harte Arbeit macht dich unglücklich. Leg eine Pause ein, und iss etwas. Ich verrate dir ein Geheimnis, wie du die Arbeit lieben und ein tolles Leben führen kannst!"

Tess wies Brock einen Platz zu und brachte ihm ein gesundes Omelett, Würstchen und ein Glas Saft. Brocks Stimmung hob sich.

„Hast du manchmal Langeweile?" fragte Tess.

„Klar. Die ganze Zeit", antwortete er und stopfte sich einen Bissen in den Mund. „Also spiele ich Videospiele, treffe mich mit Freunden und versuche, mir die Zeit zu vertreiben."

„Würdest du sagen, dass du dich eher erfüllt oder leer fühlst, wenn du dich so auf dein eigenes Vergnügen konzentrierst?", wollte Tess wissen.

Brock musste zugeben, seine Tage mit der Suche nach dem nächsten Kick oder Glücksgefühl zu verbringen, hatte ihn nicht sonderlich glücklich gemacht.

„Leer", antwortete Brock. „Als ob nichts, was ich tue, wirklich wichtig wäre. Ändert sich das durch harte Arbeit?"

Tess antwortete mit einer Gegenfrage: „Hat dich die Arbeit in meinen Gästetoiletten glücklich gemacht?"

„Nein. Es war langweilig und überhaupt kein Spaß."

Tess schüttelte den Kopf. „Das hab ich auch nicht angenommen. Harte Arbeit an sich ist nicht die Quelle des Glücks", antwortete sie. „Einen Sinn in der Arbeit zu sehen, kann es aber sein. Ein Beispiel: Ich koche gerne ..."

„Mhm, das schmeckt echt gut ...", schwärmte Brock und trank einen Schluck Orangensaft. Er war im siebten Essenshimmel.

„Was mich aber wirklich motiviert, ist die Wirkung, die mein Essen jetzt auf dich hat", meinte sie glucksend. „Meine Gäste schätzen mich, und mein Restaurant bringt Freunde und Familie zusammen. Das ist der eigentliche Sinn in meiner Arbeit ... und mir ist nie langweilig!"

Brock beendete seine Mahlzeit und fing an, den Boden im Restaurant zu fegen. „Das fehlt mir wohl. Ich fange mit meiner Zeit und meinen Talenten nichts wirklich Sinnvolles an."

„Entschuldigung …" Eine Frau trat mit ihrer kleinen Tochter zu ihnen. „Die Toiletten hier sind immer so sauber. Ich weiß das wirklich zu schätzen. Danke!"

Als sie sich umdrehte und ging, zwinkerte Tess Brock zu. „Nein, ich danke *dir*, Brock."

Plötzlich tauchte Ethan wie aus dem Nichts auf. „Glückwunsch, Toilettenjunge. Zwölf Hampelmänner zur Belohnung!"

Brock legte los, und ein Grinsen machte sich auf seinem Gesicht breit. Er war stolz und glücklich, etwas Sinnvolles zu tun, das Tess und ihren Kunden half.

Kurz darauf winkten die Tuttles zum Abschied und fuhren davon. Um diese Regel nicht zu vergessen, schrieb Brock *Tue Sinnvolles* in sein Rezeptbuch.

⑧ Tue Sinnvolles

Wieder daheim, fläzte sich Brock auf das Sofa. Großmutter setzte sich zu ihm. „Thusnelda hat angerufen und mir gesagt, was du heute gemacht hast. Ich bin stolz auf dich, mein Sohn."

Den ganzen Tag über hatte Brock harte, aber sinnvolle Dinge getan. Er war zwar erschöpft, beschwerte sich aber nicht. Mit dieser letzten Regel war Tess auf der richtigen Spur. Er fühlte sich tatsächlich glücklich.

„Mama, ich hab nur geputzt ... Stell dir mal vor, was ich erreichen könnte, wenn ich etwas besonders gut könnte! Ich kann nur richtig gut Football spielen und angeln."

„Ich habe dir immer gerne beim Football Spielen zugesehen", entgegnete sie. „Und manchmal bringst du Fische zum Abendessen mit. Beides bedeutet mir viel."

„Ich weiß, Mama", sagte er. „Aber ich habe das Gefühl, ich brauche ein höheres Ziel. Ich muss neue Fähigkeiten erlernen."

Der Rest der Familie kam ins Wohnzimmer und beteiligte sich am Gespräch.

„Warst du schon immer gut im Football?", fragte Oma Tuttle Brock. „Oder im Angeln?"

„Ganz sicher nicht! Der Trainer sorgte dafür, dass ich Muskeln aufbaue und schneller werde. Die Zweikämpfe taten weh, aber das hat mich nur dazu animiert, noch härter zu trainieren, um immer besser zu werden."

„Weißt du noch, wie ich dir beigebracht habe, einen Köder auszuwerfen? Immer und immer wieder hast du die Schnur ins Wasser geworfen und der Wurm ist abgefallen", sagte Opa lachend.

Brock schmunzelte. „Und ich habe dich gebeten, es mir abzunehmen, aber du hast nur gesagt ..."

„Wenn du etwas falsch machst, lernst du, wie es richtig geht", fielen seine Brüder mit ein. Sie lachten und dachten daran, wie oft sie diesen Spruch als Kinder gehört hatten.

„Das ist die nächste Regel!", rief Emily. „Egal, welche Fähigkeit du dir aneignen willst, du darfst keine Angst haben, beim ersten Mal zu scheitern."

„Und Scheitern ist ein großartiger Lehrmeister!", fügte Ethan hinzu. „Du lernst immer dazu, wenn du etwas vermasselst und es dann nochmal versuchst."

Brock schrieb *Hab keine Angst zu scheitern* in sein Rezeptbuch.

⑨ Habe keine Angst zu scheitern

„Letzter Tag des Bootcamps!", schrie Ethan, als er frühmorgens Brocks Zimmer betrat. Aber weit und breit war kein Brock zu sehen – weder in seinem Zimmer, noch beim Füttern der Tiere, noch sonst wo im Haus.

Als Oma aufgestanden war, fragten die Zwillinge, ob sie wüsste, wo Brock sei. „Ich glaube, da kommt er", sagte sie sorgenvoll und zeigte aus dem Fenster.

Vor dem Haus stand ein Streifenwagen, und da klopfte es auch schon laut an der Haustür. Als Großmutter Tuttle öffnete, standen ihr Sohn und ein Polizist vor ihr.

„Ma'am, gestern Abend wurden Ihr Sohn und seine Freunde beim Verwüsten von Privateigentum erwischt", sagte der Polizist. „Wir haben ihn über Nacht dabehalten. Aber der Eigentümer hat keine Anzeige erstattet, deshalb gehört er nun ganz Ihnen."

„Was ist denn daran so schlimm?", murrte Brock. „In dieser Stadt gibt es nichts zu tun … Wir wollten einfach nur ein bisschen Spaß haben."

„Das klingt aber nicht wie der Sohn, den ich großgezogen habe", entgegnete Großvater Tuttle kopfschüttelnd. Die Enttäuschung seines Vaters versetzte Brock einen Stich.

Der Polizist gab Großmutter Brocks Habseligkeiten, stieg wieder in sein Fahrzeug und fuhr davon. Sie blätterte in Brocks Rezeptbuch auf die Seite mit der Liste, die er geschrieben hatte, und hielt sie ihm hin.

„Welche dieser Regeln hast du gestern Abend befolgt?", wollte sie wissen.

Brock starrte auf den Boden. Er wollte niemandem in die Augen sehen. „Keine davon", sagte er kleinlaut.

Da nun die ganze Familie wach war und alle auf der Veranda saßen, erzählte Brock, was nachts zuvor vorgefallen war.

„Anfangs wollte ich die Wand gar nicht mit Farbe besprühen. Aber die Gruppe, mit der ich abhing, hatte offenbar Spaß, und ich wollte, dass sie mich mögen", erklärte Brock. „Also habe ich mitgemacht … Das war dumm und sinnlos. Tut mir leid."

Großvater legte Brock die Hand auf die Schulter. „Tja, mein Sohn, wie sag ich immer …"

Ein schwaches Lächeln huschte über Brocks Gesicht. „Wenn du etwas falsch machst, lernst du, wie es richtig geht."

„Und du hast es mal richtig verbockt!", zog Ethan seinen Onkel auf. Die Familie lachte und war dankbar, dass sich die Spannung auflöste.

„Klingt, als wäre der Rekrut bereit für die nächste Regel", sagte Emily und winkte Onkel Ben heran.

SCHLECHT

„Ich will dir etwas zeigen", meinte Ben, setzte sich neben Brock und öffnete die Kontaktliste auf seinem Handy. „Das ist mein Netzwerk."

„Die Menschen, die dich umgeben, formen dich", fuhr er fort. „Freunde, Kollegen, Bekannte, deine Familie … Andere Menschen haben großen Einfluss auf dich, ob dir das klar ist oder nicht. Mit einem schlechten Netzwerk erzielst du schlechte Ergebnisse und wirst nicht dein volles Potenzial ausschöpfen können."

„Deshalb achten wir immer darauf, wer unsere Freunde sind", bestätigte Emily. „Und wir lernen gerne interessante Leute kennen, die uns etwas beibringen und uns dabei helfen können, das Richtige zu tun."

„Oder uns aus dem Gefängnis holen, falls wir je verhaftet werden sollten." Ethan zwinkerte Brock zu.

Brock scrollte durch die Kontakte auf seinem eigenen Telefon. „Wenn ich mir diese Leute so ansehe … Viele sind ja ganz nett, aber die meisten bestärken mich nicht gerade, ein besseres Leben zu führen. Wie baue ich mir also ein gutes Netzwerk auf?"

⑩ Achte auf guten Umgang

„Du hast bereits eins", entgegnete Großvater. „Deine Familie. Wir unterstützen dich."

„Und jeder von uns hat eigene Erfahrungen, die dir helfen können, erfolgreich zu sein", fügte Großmutter hinzu.

„Vielleicht kann ich mein Netzwerk erweitern, indem ich mir deins leihe?", scherzte Brock und griff nach Bens Telefon.

„Nicht so schnell! Vielleicht kannst du das, wenn du diese Regeln fürs Leben gemeistert hast!", stimmte Ben zu und tippte auf das Rezeptbuch neben Brock. „Allerdings hat dich gerade die Polizei nach Hause gebracht! Das motiviert mich nicht sonderlich, dich meinen Freunden und Kollegen vorzustellen."

Brock dachte einen Moment lang nach, was er erlebt und was er von seiner Familie gelernt hatte.

Achte auf guten Umgang, schrieb er auf. Die Zwillinge nickten zustimmend, dann musste sich Brock auf ihr Geheiß für die nächste Regel bereitmachen.

„Pst!", zischte Ethan Brock zu, der auf einen Zweig getreten war.

Getarnt beobachteten sie alle ein Rudel Hirsche. „Siehst du den mit dem großen Geweih?", fragte er und reichte Brock das Fernglas. „Das ist das Leittier."

Auf dem Heuboden der Scheune observierten sie die Hühner. „Hast du die Hackordnung bemerkt?", erkundigte sich Ethan. „Es sind alles Hennen, aber einige setzen sich öfter durch."

Auf der Suche nach Flusskrebsen schnorchelten sie im Fluss. „Siehst du, wie der eine zuerst frisst?", wollte Emily wissen. „Er ist dominanter als die anderen und kommt zuerst zum Zug."

„Ich bin immer noch nicht ganz sicher, was das alles mit meinen Regeln zu tun hat?", meinte Brock später beim Abtrocknen.

„In all diesen Gruppen gibt es eine Rangordnung, nicht?", erklärte Ethan. „Die an der Spitze bekommen mehr Futter und werden stärker. Das liegt weniger daran, dass sie so geboren wurden. Vielmehr liegt es an ihrem Verhalten, was sich darauf auswirkt, wie die anderen sie behandeln."

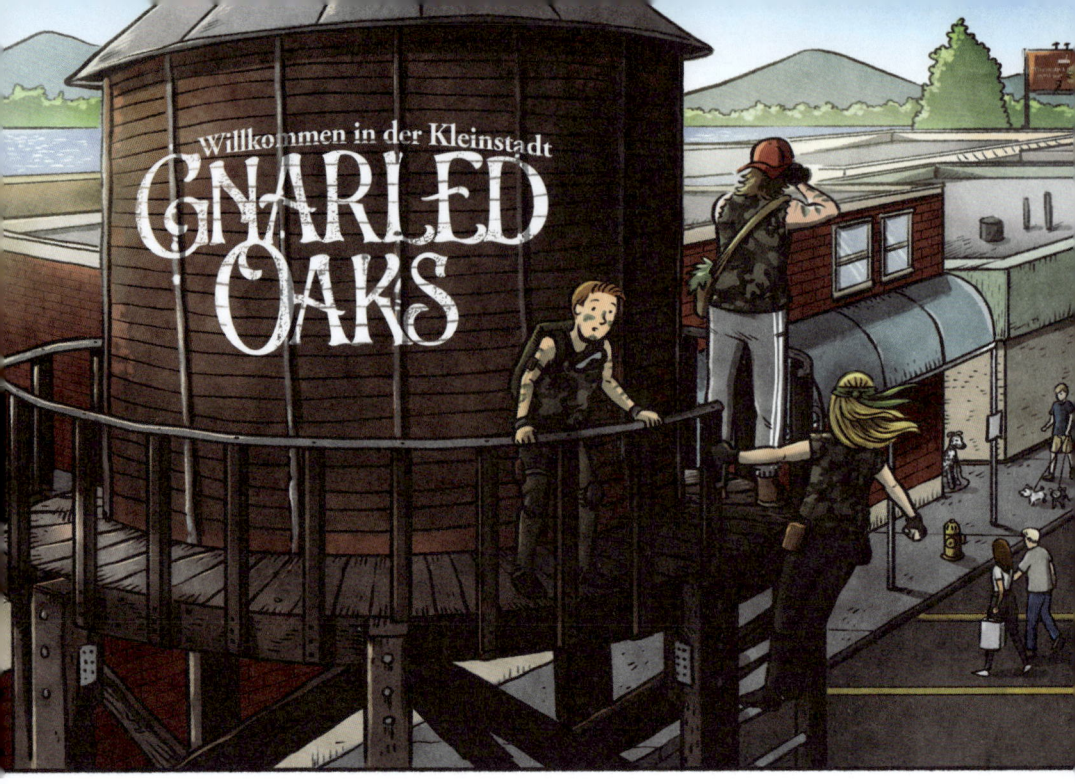

Wie Spione auf feindlichem Gebiet schlich das Trio durch die Stadt und kletterte schließlich auf einen alten Wasserturm, von dem aus sie den „Otto Normalverbraucher" sehen konnten.

„Menschen sind anders als die anderen Lebewesen", führte Ethan aus. „Wie wir uns kleiden und verhalten, ist dennoch ein Signal für andere, was für ein Mensch wir sind und was sie von uns halten sollen."

„Sieh dir die Leute an", sagte Emily. „Was siehst du?"

Brock blickte zu den wuselnden Leuten hinunter. „Ich sehe einen Bauern mit einem großen Lastwagen, der eine Latzhose trägt und schmutzige Stiefel."

„Und was sagt dir das über ihn?", hakte Emily nach.

„Dass er hart arbeitet? Oh, sieh mal, da ist Skater Scott mit seinem ... äh, einzigartigen Stil."

„Könnte man sagen, dass Scott den Eindruck erwecken will, ein Rebell zu sein?", fragte Ethan.

Brock lachte leise und nickte zustimmend. „Schaut mal, eine Geschäftsfrau. Sie hat auch dekorative Federn im Haar... Eine Indianerin? Sie drückt damit aus, dass sie stolz auf ihre Herkunft ist."

Ethan schnappte sich das Fernglas und betrachtete Brock damit. „Und wie präsentierst du dich?"

„Wie bei den Tieren, die wir gesehen haben, arbeiten die Menschen an ihrem Ruf, der ihnen verschiedene Möglichkeiten im Leben eröffnet", erklärte Emily. „Welchen Ruf möchtest du haben?"

„Du musst dir vorstellen, wer du in der Zukunft sein willst", sagte Ethan. „Und dann fängst du heute an, dich wie diese Person zu verhalten. Das verändert, wie andere über dich denken und dich behandeln."

Auf Geheiß der Zwillinge schrieb Brock *Zeige dich von deiner besten Seite* in sein Rezeptbuch.

„Ich habe da noch etwas zu erledigen", sagte er, als er die beiden zu dem Laden führte, wo er die Wand zur Gasse hin mutwillig beschädigt hatte. Er entschuldigte sich bei dem Besitzer und vereinbarte eine Zeit, um beim Saubermachen zu helfen. Der Besitzer schüttelte Brock fest die Hand und dankte ihm.

„Kommt, ihr beiden", sagte Brock und verließ den Laden. „Ich will mir die Haare schneiden lassen und neue Klamotten kaufen."

⑪ Zeige dich von deiner besten Seite

An diesem Abend versammelte sich die Tuttle-Familie um die Feuerstelle und ließ sich noch mehr Pfirsichkuchen und Eiscreme schmecken. Die Zwillinge tauchten in ihren Drill-Sergeant-Kostümen hinter einem Vorhang auf der Veranda auf.

Emilys lautes Hornsignal erregte die Aufmerksamkeit aller, und Ethan rief: „Ich präsentiere: unser Bootcamp-Absolvent!"

In neuem Outfit und mit frisch geschnittenem Haar trat Brock aus dem Haus. Seine ganze Familie bewunderte die Veränderung und kam aus dem Staunen nicht heraus.

„Ich möchte noch mal sagen, dass es mir leid tut, was gestern Abend passiert ist", setzte Brock an. „Durch dieses Bootcamp ist mir klar geworden, wie sehr ich noch an mir arbeiten muss. Und heute haben mich die Zwillinge darüber nachdenken lassen, was für eine Person ich in Zukunft sein möchte."

„Ab sofort versuche ich, diese Person zu sein", fügte er hinzu. „Ich will dem Ruf der Familie Tuttle gerecht werden und dazu beitragen, dass die Welt ein besserer Ort wird."

„Und damit kommen wir zur zwölften und letzten Regel!", verkündete Ethan begleitet von Emily, die noch ein paar Töne auf dem Horn schmetterte.

Brock zog das Rezeptbuch aus seiner Tasche und notierte: *Mache deiner Familie alle Ehre.*

„Weißt du, was dich noch ehrfürchtiger macht?", fragte Ethan. „Liegestütze! Runter, und gib mir zwölf, Absolvent!"

Brock konnte nicht anders, er musste bei jedem Liegestütz lachen.

Als er damit fertig war, nahm Großvater Brocks Rezeptbuch, blätterte zur letzten Regel und setzte einen großen Haken daneben.

„Ich bin stolz auf dich, Brock." Großvater trat vor und heftete seinem Sohn eine von den Zwillingen angefertigte Ehrenmedaille ans Hemd.

„Danke, Papa", sagte er. „Aber, ... was passiert eigentlich, wenn ich diese 12 Lebensregeln beherrsche?"

„Dann müssen sich die Zwillinge wohl zwölf weitere ausdenken!", zog Großmutter ihn auf.

Ende

Dr. Jordan B. Peterson ist klinischer Psychologe und wurde 2016 bekannt, als mehrere seiner Online-Vorlesungen und Interviews viral gingen, die ihn einem breiten internationalen Publikum als Intellektuellen und Pädagogen vorstellten. Kurz darauf veröffentlichte er *12 Rules for Life: Ordnung und Struktur in einer chaotischen Welt*.

Dieses millionenfach verkaufte Buch behandelt die Themen Disziplin, Verantwortung, Freiheit und Abenteuer. Es bündelt die Weisheit der Welt in zwölf vielseitigen Essays, wovon jedes einzelne praxisnah und tiefgründig ist. Es ist besonders für junge Menschen von Nutzen, die verstehen möchten, wie sie ein produktives und selbstbestimmtes Leben führen und in einer chaotischen Welt zielgerichtet und mit klarem Geist ihre Zukunft gestalten können.

Zu den wichtigsten Botschaften des Buches gehört, dass persönliche Veränderung möglich ist und ein jeder von uns heute besser sein kann, als er es gestern war. Mit einem eigenen Exemplar können Sie die Regeln direkt in die Tat umsetzen!

Der Autor

Connor Boyack ist Präsident des Libertas Institute, einer Denkfabrik für die öffentliche Ordnung in Utah. Er ist Autor zahlreicher Bücher über Politik und Religion sowie hunderter Kolumnen und Artikel, in denen er sich für die Freiheit des Einzelnen einsetzt. Über seine Arbeit wurde in internationalen, nationalen und lokalen Fernseh- und Radiosendungen sowie in anderen Medien berichtet.

Connor, der gebürtig aus Kalifornien stammt und an der Brigham Young University studiert hat, lebt derzeit mit seiner Frau und seinen beiden Kindern in Lehi, Utah.

Der Illustrator

Der Illustrator Elijah Stanfield ist Inhaber von Red House Motion Imaging, einem Medienproduktionsunternehmen in Washington.

Als langjähriger Student der Österreichischen Schule, der Geschichte und der klassisch liberalen Philosophie widmet Elijah einen Großteil seiner Zeit und Energie der Förderung der Grundsätze freier Märkte und der individuellen Freiheit. Zu seinen bedeutendsten Werken gehört die Produktion von acht Videos zur Unterstützung der Präsidentschaftskandidatur von Ron Paul 2012. Zurzeit lebt er mit seiner Frau April und den fünf gemeinsamen Kindern in Richland, Washington.

Unter www.tuttle-zwillinge.de können Sie mit uns Kontakt aufnehmen.

Diskussionsfragen

1. Sind in manchen Situationen Regeln erforderlich? Wozu sind sie gut? Wann können Regeln etwas Negatives sein?
2. Nenne einige Regeln aus deinem Leben. Welche Regeln haben deine Eltern für dich aufgestellt?
3. Bist du mit manchen der im Buch vorgestellten Regeln nicht einverstanden? Wenn ja, mit welcher/mit welchen und warum?
4. Hast du eine Lieblingsregel im Buch und wenn ja, warum?
5. Welche Regel könntest du nur schwer befolgen?
6. Stell dir vor, du könntest einen Zauberstab schwingen, sodass sich alle perfekt an eine der vorgestellten Regeln halten. Welche Regel würdest du wählen, die unserer Gesellschaft am meisten nützt?
7. Wie kannst du diese Regeln konsequenter befolgen?
8. Welche Vorteile könnte es haben, diese Regeln zu befolgen?

Denke an das Arbeitsheft!

Mehr Fragen, Lernaufgaben und Rätsel gibt es im zugehörigen Arbeitsheft. Erhältlich unter:
www.tuttle-zwillinge.de